LA

POLITIQUE

FRANÇAISE

Par Louis DE JUVIGNY

> Le vieux monde est à bout;
> le nouveau n'est pas assis.
> NAPOLÉON.

Prix : 50 centimes.

PARIS

CHEZ TOUS LES LIBRAIRES

—

1883

LA POLITIQUE

FRANÇAISE

Depuis quatre-vingt-dix ans, une grande controverse existe dans le monde; elle a été produite par la
Révolution française. Après avoir été agitée dans les
livres, elle a passé des livres à la tribune en 1789.
Puis elle est descendue sur les champs de bataille.

Partout elle a eu le même éclat. Quels qu'aient été
les acteurs ou les interlocuteurs, elle a été poursuivie,
de part et d'autre, avec une puissance et des efforts
désespérés qui attestaient la grandeur des intérêts
engagés.

Il s'agissait, en effet, il s'agit encore de la fin d'un
monde et de la formation d'un nouveau monde.

Et c'est le caractère du dix-neuvième siècle qu'il
porte cette grande question.

La solution sera une époque, car elle fixera pour
un temps les destinées de l'humanité.

Le prince de Bismarck sera certainement considéré comme l'un des grands personnages de ce drame ; venant après Mirabeau, Pitt, Joseph de Maistre, Napoléon Ier, O'Connell, — je ne cite que les principaux, — c'est un caractère original qui le distingue de ses devanciers.

La force matérielle n'est pas la mesure des arguments employés ; mais il faut bien reconnaître qu'une armée de douze cent mille hommes, soutenue par la diplomatie la plus habile, donne un relief particulier aux paroles prononcées.

De plus, les succès déjà obtenus, font ordinairement présumer les mêmes succès pour l'avenir.

Nous sommes bien obligés de nous souvenir que l'homme, qui occupe presque à lui seul la scène politique, a joué de main de maître tous les gouvernements.

Il a écrasé ceux qu'il était nécessaire d'écraser dans l'intérêt de sa fortune. Puis, parmi ces gouvernements, qui avaient été le jouet de sa politique, il a choisi ceux qu'il voulait enchaîner à son char. Il les a appelés et ils sont venus, heureux de suivre le triomphateur.

Le prince de Bismarck choisit avec une grande sagacité le moment d'entrer sur la scène. Il attendit que l'empereur Napoléon III eût donné la mesure de son génie politique.

La proposition du Congrès annoncée avec éclat, était une grande idée. C'était l'idée même du chef de sa maison, rectifiée par les méditations solitaires de Sainte-Hélène.

Il est évident que si Napoléon Ier, aux jours de sa puissance, avait réuni lui-même le Congrès qui a été suscité contre lui ; s'il avait voulu en faire les États généraux de l'Europe, il aurait pu présider à l'organisation d'un nouvel équilibre européen plus conforme aux aspirations des peuples et aux idées nouvelles qui avaient prévalu.

La proposition de Congrès se rapprochait de cette initiative. Tout le monde en Europe en comprit la portée. L'émotion fut grande : c'était l'ombre de la justice qui planait un instant sur le monde. L'espoir des réparations reconnues justes, promises, attendues, se faisait jour. Le projet proposé avait tellement ce caractère qu'il parut impossible aux gouvernements de l'Europe d'opposer une fin de non-recevoir impitoyable à cette attente, à cet espoir de justice.

Abandonner, sans motifs, une pareille initiative, c'était abdiquer.

Le prince de Bismarck comprit que celui qu'il avait devant lui, abandonnait la seule politique qui aurait pu contrecarrer et annuler ses projets. Il comprit que l'empereur Napoléon III était un esprit politique sans consistance et qu'il lui serait facile d'en avoir raison.

L'empire napoléonien, renonçant à l'initiative extérieure de la France produite sous la forme la plus modérée, n'avait plus de raison d'être.

Napoléon descendant volontairement de la hauteur qu'il avait occupée un instant, et dont la cession de la Vénétie fut le signe posthume, ne devait plus s'arrêter dans sa chute. Il devait arriver jusqu'à cette politique que le prince de Bismarck a qualifiée un jour d'une manière sanglante, par le mot de « *politique de pourboire* ».

Renoncer à sa propre initiative, puis chercher à tirer un profit quelconque d'une politique rivale opposée à la sienne ; — puis, déçu même dans cette triste ambition, déclarer une guerre impossible, sans plan, sans idée et sans motifs, en menaçant l'indépendance de ceux qu'il aurait pu avoir pour alliés, quelle chute !

Sedan n'a fait que constater l'effondrement inévitable et déjà certain du système politique de l'empereur Napoléon III.

Il ne faut donc pas s'étonner que le prince de Bismarck ait obtenu de lui sans difficulté de laisser passer la guerre projetée contre le Danemarck.

Il arriva donc que le prince, qui avait paru un instant vouloir jouer, dans la polique extérieure, le rôle de gardien de la justice, renonçant à ce rôle, ouvrit lui-même à son rival la carrière politique.

Le prince de Bismarck obtint davantage de l'Autriche. Il obtint sa complicité. La responsabilité d'une exécution douloureuse fut commune aux deux puissances; mais tout le profit fut pour la Prusse.

Mais ce n'était là qu'une entrée en matière.

Il n'y avait plus d'Europe. Le prince de Bismarck l'avait déjà compris, quoiqu'il ne l'ait dit que plus tard.

La question des duchés lui servit à tâter le pouls de l'Europe. Il vit qu'il pouvait tout oser et que le plan projeté par lui était possible.

Ce plan audacieux consistait à remplacer l'Autriche en Allemagne et la France en Europe.

Cependant, pour écraser successivement l'Autriche, la Confédération germanique et la France, une alliance était absolument nécessaire. Et il fallait à la Prusse l'alliance d'un gouvernement qui fût de l'Europe et en dehors de l'Europe; — de l'Europe par ses alliances de famille et sa diplomatie; — en dehors de l'Europe, par le génie de son peuple et par sa politique, qui lui permet, qui l'oblige même de ne tenir aucun compte du droit public européen et de ce qu'on est habitué à désigner sous les noms divers de chrétienté, de communauté ou de république européenne.

Sous ce rapport, la Prusse et la Russie avaient les

mêmes sentiments. Elles étaient placées au même point de vue.

Lorsque la question d'Orient fut soulevée, en 1853, par l'ambassade du prince de Mentzikoff, qui était purement et simplement la revendication de l'empire d'Orient au profit de la Russie, toute l'Europe se sentit menacée. L'Angleterre, la France, l'Autriche, le Piémont firent cause commune. La Prusse resta neutre. Et cependant il s'agissait de l'honneur et de l'indépendance de l'Europe. Mais il fallait donner des gages à la Russie, afin d'obtenir un jour son alliance, qui était absolument nécessaire. La Prusse n'hésita pas.

On conçoit que la Russie, dont la civilisation est autre que celle de l'Europe, poursuive une politique dont le succès l'amènerait à dominer le monde par l'humiliation et la ruine de la civilisation européenne. La Russie est encore pour nous une étrangère; elle n'a pas la même origine ni les mêmes mœurs. Toutes les phases par lesquelles nous avons passé : la culture latine, l'invasion des mahométans, les représailles des croisades, la chevalerie, toute cette éducation par laquelle a passé l'Occident, et qui a formé son génie, tout cela est étranger à la Russie.

Elle a un autre idéal social. La ruine de l'Europe ne lui causerait aucun scrupule; elle remplacerait la civilisation européenne par la civilisation russe.

Mais la Prusse! comment pouvait-elle devenir complice de pareilles visées? Cela ne peut s'expliquer que par la nécessité d'obtenir à tout prix une alliance nécessaire. Il fallait donner des gages à la Russie. La Prusse les donna.

Lorsque, en 1862, la Pologne réclama les franchises qui lui avaient été promises et garanties par les traités de Vienne, toute l'Europe s'émut en sa faveur. La Prusse fit cause commune avec la Russie; elle se sépara une seconde fois de l'Europe. Le gouvernement prussien fut impitoyable pour la Pologne. Il ne s'agissait pas alors de l'indépendance de l'Europe, mais il s'agissait de son honneur.

La Prusse sacrifia l'honneur comme elle avait été disposée à sacrifier l'indépendance de l'Occident pendant la guerre de Crimée.

Après de tels gages donnés spontanément, comment la Russie aurait-elle pu refuser son concours à la Prusse?

Nous ne savons pas ce qui s'est dit dans les entretiens des souverains de Prusse et de Russie. Mais la conduite de la Prusse signifiait clairement ceci. Elle disait à la Russie : « Vous le voyez! » pour faire cause commune avec vous, j'ai abandonné l'Europe. Je me suis retiré de ses conseils, dans les deux plus grandes crises que vous ayez traversées; j'ai épousé vos intérêts en Orient

» et en Occident, à Constantinople et à Varsovie.

» J'attends de vous un concours semblable. A nous
» deux, nous serons maîtresses du monde. Laissez-
» moi prendre l'empire d'Occident, je vous laisserai
» libre en Orient. »

Ce pacte résulte, du reste, avec évidence du toast
porté par l'empereur de Russie dans un banquet
célèbre donné à Saint-Pétersbourg aux principaux
chefs de l'armée prussienne, après la guerre de
1871.

Le czar se leva et dit : « Je bois à l'union des
» armées des deux empires d'Allemagne et de
» Russie. Cette union est la garantie de la paix de
» l'Europe. »

La garantie de la paix était un euphémisme. Les
paroles du czar annonçaient à l'Europe qu'elle aurait
désormais deux maîtres qui étaient en mesure de lui
dicter leurs volontés et de régir ses destinées.

Mais le partage de la domination n'est jamais un
pacte de longue durée. Car l'esprit qui l'a fait naître
est lui-même la cause de sa rupture. Et la rupture
éclata bientôt par les plaintes véhémentes du général
Skobeleff, qui retentirent dans toute l'Europe.

Entre la Russie et la Prusse les choses se sont
passées comme autrefois entre César et Pompée,
puis entre Auguste et Antoine.

Voilà donc où en est arrivée cette grande controverse dans laquelle s'agitent la question de l'Orient et celle de l'Occident, c'est-à-dire la question humaine.

Les intérêts et les principes sont toujours mêlés; il n'est pas possible qu'il en soit autrement; mais sur les questions de principes l'Angleterre s'est désintéressée du débat. Restent la Russie, l'Allemagne et la France.

Ce que la Russie veut, on le sait. Elle veut remplacer dans le monde la civilisation européenne par la civilisation russe installée à Constantinople. Il est vrai que la civilisation russe subit elle-même une crise, en ce moment. Mais l'existence de cette crise, dont le dénouement est encore incertain, n'est pas un obstacle; elle peut être au contraire un stimulant à l'expansion du peuple russe au dehors.

Quoi qu'il en soit, la politique de la Russie est claire. Que le testament de Pierre le Grand soit vrai ou faux, cela importe peu. Ce document explique nettement la pensée nationale de la Russie et la politique séculaire de son gouvernement.

Mais que veut l'Allemagne?

Elle a conquis d'une manière incontestable la prépondérance en Europe; ou plutôt le prince de Bismarck la lui a donnée, par une suite de succès merveilleux.

Mais la victoire doit servir à constituer quelque chose.

Il ne suffit pas de s'emparer de l'Europe, si l'Europe reste dans le trouble, l'incertitude, l'inquiétude de ses destinées.

Quelque chose manque donc à la puissance du vainqueur. Son œuvre n'est pas assise. Elle ne se tient pas. Sa pensée est confuse, quelle que soit la précision changeante de ses paroles.

C'est même un des spectacles les plus extraordinaires que celui de cet homme, si hardi, si décidé, victorieux, dictateur de l'Europe et cependant incertain après sa victoire, hésitant comme s'il cherchait sa voie.

Il a rompu l'alliance russe ; mais après l'avoir rompue, il n'a pas réduit la Russie à l'impuissance. Il n'a pas rendu la vengeance impossible. C'est là une situation fort dangereuse.

Il est donc bien certain que le prince de Bismarck n'a pas résolu le problème posé au dix-neuvième siècle par la marche de la civilisation humaine. Il n'a ni tranché ni dénoué le nœud gordien. Il ne l'a pas tranché par l'épée ; il ne l'a pas dénoué par la diplomatie.

Il n'a voulu employer que ces deux forces : les armes et la diplomatie. Il en a usé d'une manière merveilleuse ; il en a tiré tout le parti possible. Mais ces deux forces, si grandes qu'elles soient, quelle que soit l'habileté de la main qui les manie, ne suffisent pas. Elles ne suffisent plus à notre époque. Il y en a une troisième sans laquelle rien n'est plus possible en politique : c'est la force des peuples.

Voilà pourquoi la place est faite aujourd'hui à la démocratie en Europe. Elle lui a été préparée non-seulement par le progrès des mœurs et des idées, mais encore par ses adversaires eux-mêmes.

Je n'en veux citer qu'un exemple. Le plus grand obstacle au triomphe définitif de la démocratie était certainement l'existence d'une force armée distincte séparée de la nation. L'armée était presque une caste à part, ayant son esprit propre et pouvant être opposée au peuple. La démocratie avait, pour défendre ses intérêts, une tribune publique ; elle avait la liberté de la presse et le bulletin de vote ; mais elle pouvait avoir, à un moment donné, l'armée en face d'elle et contre elle. C'était le dernier obstacle à franchir. Pour y arriver, il y avait deux moyens : ou supprimer l'armée, comme aux États-Unis d'Amérique, ou la démocratiser, en la confondant avec la nation.

Le premier moyen étant impraticable en Europe, il fallait employer le second. Qui a fait cela ? C'est le plus grand adversaire de la démocratie, le prince de Bismarck. C'est lui qui est l'auteur de cette révolution radicale que toute l'Europe a été forcée d'imiter.

Depuis ce moment, il ne peut plus y avoir d'incertitude sur l'état de l'Europe. Ce qui existe aujourd'hui sur le continent européen, c'est une immense démocratie dont le droit est reconnu et qui est armée pour le défendre.

Les formes de gouvernement sont monarchiques, le fonds est la république.

Assurément, Napoléon Ier ne savait pas comment se ferait cette révolution aussi étonnante, aussi imprévue que le suffrage universel. Il ne prévoyait pas surtout qu'elle serait l'œuvre d'un prince allemand.

C'est lui cependant qui a dit à Sainte-Hélène, avec l'intuition du génie : « Le premier roi qui, au milieu » d'une grande commotion européenne, se mettra » sincèrement à la tête des peuples, sera maître du » monde et il fera tout ce qu'il voudra. »

La puissance de l'avenir est clairement indiquée ; il n'est pas nécessaire qu'elle reçoive une direction royale.

Ce qui indique, mieux que tout autre symptôme, le trouble qui existe en ce moment dans la pensée allemande, c'est la crainte, exprimée par les journaux officieux, que la France nourrisse le secret désir de recouvrer l'Alsace-Lorraine par la guerre ou qu'elle cherche des alliances qui pourraient rendre cette guerre possible.

Cette crainte est absolument chimérique. La France ne fera pas la guerre et elle ne recherchera pas d'alliances pour la faire, par cette excellente raison que la guerre n'est pas nécessaire pour que l'Alsace-Lorraine soit délivrée et qu'elle retourne librement à la France, si cela lui convient.

La revanche par les armes serait une sottise, parce qu'elle compromettrait ou retarderait la revanche du droit. Or, celle-ci est inévitable.

La France, même avec les plus grandes chances de succès, n'a pas d'intérêt à faire la guerre. Elle a un autre rôle à jouer, plus grand et plus magnifique.

Que la France reste fidèle à ses traditions et à sa gloire, toute sa politique est là. Voici pourquoi :

La Révolution française n'aurait pas bouleversé l'Europe ; elle n'aurait pas ébranlé sur ses deux pôles le globe politique, si elle n'avait pas été une phase de la civilisation humaine plus accentuée, plus éclatante en France, mais en réalité commune à toute l'Europe.

Or, il est absolument certain que le caractère dominant de cette phase de la civilisation humaine qu'on appelle la Révolution française, est la volonté du progrès, la résolution de constituer les sociétés humaines sur la base du droit.

Voilà pourquoi la France a proclamé les droits de l'homme. Les droits de l'homme contiennent évidemment le droit de l'individu, le droit des nations, le droit de l'humanité.

De deux choses l'une : ou la France a confiance dans l'émancipation humaine, et la proclamation de la république après le désastre de Sedan atteste cette confiance, ou elle n'a pas su ce qu'elle faisait.

Dans le premier cas, elle n'a rien à craindre. La liberté combat pour elle. Et par cela seul que le vainqueur a voulu traiter avec le suffrage universel, cela suffit; la cause que la France a soutenue dans le monde est gagnée.

Il en résulte que la situation de la France est incomparable, parce que la pensée française est la seule qui réponde aux nécessités actuelles de la civilisation et dont l'application soit possible.

Et cette situation admirable, la France ne la doit pas seulement à son propre génie. Elle est en grande partie le résultat des fautes de ses adversaires.

Il ne lui reste rien de ses conquêtes, qui étaient une déviation de sa politique. Mais les peuples délivrés par elle subsistent et proclament son initiative.

Elle est le témoin du droit. Elle n'a pas de Pologne, elle n'a pas d'Irlande attachée à ses flancs. *Elle seule peut donc représenter la liberté.*

Ses ennemis lui ont laissé cet honneur et ce privilège incomparable. Pourvu qu'elle ne l'abdique pas et qu'elle ne manque pas au monde, l'avenir lui appartient. Car l'équilibre nouveau de l'Europe sera nécessairement l'organisation de la liberté. *Et tout à l'heure les peuples seront forcés de choisir entre ce nouveau monde et le chaos.*

Paris. — Imp. Balitout, Questroy et Cᵉ, 7, rue Baillif.

* 9 7 8 2 0 1 3 5 2 0 9 2 8 *